500 orações contra ataques espirituais

Dr. Olusola Coker

traduzido por Carlos Moreira

Copyright © 2021
Publicado por
Dr. Olusola Coker
E-mail: info@olusolacoker.com
Todos os direitos reservados: 2021
Nenhuma parte desse livro deve ser reproduzida sem a autorização expressa por escrito do Editor, com exceção de resumos em publicações cristãs, artigos, críticas, etc.
Para mais informações, entre em contato com:

Dr. Olusola Coker

Índice

Introdução

Pontos de Oração para liberar o poder de Deus

Primeira face: Orações de guerra espiritual por 7 dias

Primeira face: Orações de guerra espiritual por 7 dias

Seção B

Dia 5

Orações quebrando maldições continuar

Sinais de alerta de ataques espirituais

Orações pela orientação e proteção de Deus

Usando o sangue de Jesus como uma arma.

Dia 16 Guerra Espiritual: Pontos de Oração

Dia 18: Orações de autolibertação

Dia 19: Libertação total de maridos e esposas espirituais

Dia 20: Oração de Libertação do Espírito de Jezabel

Dia 21: Orações contra os poderes das trevas

Orações para destruir gangues satânicas e demoníacas no meio da noite.

Orações que acabam com a opressão

Oração contra o espírito marinho

Libertação das Serpentes

Libertação de Manipulações Demoníacas

Orações que destroem o espírito de destruição

Contato

Introdução

Este livro contém 500 orações poderosas contra os poderes das trevas, as forças do mal, os poderes das bruxas e todos os governantes das trevas deste mundo. De acordo com Efésios 6:12 que declara: "Porque não lutamos contra carne e sangue, mas contra principados, contra as potestades das trevas, contra a maldade espiritual nos lugares altos".

Ao considerar orações contra os poderes das trevas, precisamos entender que estamos em uma guerra. As batalhas constituem componentes menores do quadro geral. Por definição, as batalhas envolvem o combate entre duas pessoas, entre facções, entre exércitos e consistem em qualquer tipo de "competição extensa, luta ou controvérsia". Como cristãos, estamos em algum tipo de batalha espiritual diariamente. Na guerra, as batalhas são travadas em diferentes frentes, por diferentes razões e com diferentes graus de intensidade. O mesmo é na guerra espiritual. Nossas batalhas espirituais e guerras são reais, embora não possamos ver o algoz fisicamente. Mas, podemos nos educar sobre como as batalhas são travadas e como elas impactam nossas vidas diariamente.

Temos que nos perguntar: "Por que queremos lutar?" Não adianta nada nos educarmos na batalha se não virmos razão para a luta. Hoje, a guerra é muito controversa no reino físico. Essas atitudes, crenças e convicções serão transferidas para o reino espiritual. No entanto, no reino espiritual, há uma batalha acontecendo independentemente de nossa opinião. Somos vencedores ou vítimas. Jesus veio e venceu. A guerra já foi vencida nos céus. Jesus nos disse em Mateus 28:18 que: "Toda autoridade me foi dada no céu e na terra". Agora, temos o privilégio de ter um relacionamento eterno com Deus. Muitos de nós entramos nessa aliança de salvação pela graça. Mas o versículo de Mateus 28:18 não é apenas sobre a nossa salvação; é também sobre a nossa vitória diária, que se soma a uma vida vitoriosa em Cristo. A vitória de cada dia é alcançada por conhecer, acreditar e compreender as batalhas que enfrentamos diariamente, independentemente se nós somos passivos ou ativos nas batalhas. Você quer tudo o que Deus tem para você nesta terra agora ou quer esperar até chegar ao céu para receber a vitória e as bênçãos?

Neste livro, você entenderá a Batalha da Guerra Espiritual junto com mais de 500 orações que o capacitarão a lutar contra os poderes das trevas e ser vitorioso. As orações garantem que você recuperará todos os seus bens e os potenciais dados por Deus em você. Você também receberá de volta tudo o que o Diabo tirou de você. Você está enfrentando os seguintes desafios, vivendo em uma natureza anticristo e seguindo sua Doutrina, Vivendo pela fé, Tentações sexuais para solteiros, Assédio sexual, Divórcio, Destruição da vida, Pobreza, Falta de foco, Confusão, Homossexualismo, Lesbianismo, Toxicodependência, Desemprego, Sem Sentido de Direção, Confusão, Preguiça de Oração, Não querendo servir a Deus e muitos outros.

Então, este livro é uma compra obrigatória para você. Se você se deparar com qualquer um dos problemas acima, precisa fazer vigorosamente as seguintes orações. Não há problema que esteja além de Deus.

Pontos de Oração para liberar o poder de Deus

Ore essas orações principalmente no meio da noite e ore com as seguintes escrituras: Salmo 35. Antes de fazer as orações de guerra espiritual por 7 dias, você precisa liberar o poder de Deus sobre si mesmo.

Versículos da Bíblia: Salmo 62:11, Jó 26:14, Salmo 79:11.

- Senhor, libere o seu poder glorioso contra o inimigo e disperse-o em nome Jesus
- SENHOR, poder e força são liberados de sua mão e você governa sobre seus inimigos, em nome de Jesus.
- O poder da sua raiva é liberado contra os poderes das trevas, em nome de Jesus.
- Eu liberto o poder e autoridade do Senhor agora, contra TODOS os demônios que encontro, em nome de Jesus.
- Estou completamente entregue do poder de Satanás a Deus pelo sangue de Jesus Cristo.
- Sou forte no Senhor e na força do seu poder.

- Os poderes das trevas na cidade submetem o seu poder ao nosso Senhor, em nome Jesus.
- Senhor, por favor, mostre seu incrível poder para que os homens creiam; Estou admirado com o seu poder.
- SENHOR, libere seu poder de cura e libertação em nome Jesus.
- SENHOR, libere sua poderosa voz em nome Jesus.
- Senhor, seu grande poder é liberado por meio de seus apóstolos e profetas em nome Jesus.

Primeira face: Orações de guerra espiritual por 7 dias

Versículos da Bíblia: 2 Coríntios 10: 3-4, Zacarias 4: 6

Dia Um: Ó Senhor, eu me cubro, minha família, meu negócio, meus colegas com o Sangue de Jesus.

- Eu libero o fogo de Deus para destruir e queimar as dores e todas as maldições lançadas contra mim pelo Sangue de Jesus.
- Eu atiro de volta todas as flechas malignas enviadas para mim e minha casa, em nome Jesus.
- Eu liberto o Fogo de Deus, o Sangue de Jesus e destruo o poder de todos os encantamentos, morte, destruição, doença, dor, correntes de oração; incenso e vela acesa.
- Eu cancelo todas as maldições enviadas a mim e minha família pelas forças do mal, em nome Jesus.
- Eu corto e queimo cordões de prata ímpios e coloco cordas de poderes malignos no Nome

de Jesus. Cristo. Eu agora selo seus poderes dentro deles, para que eles não possam usá-los contra ninguém, e que suas obras sejam destruídas agora em , nome Jesus.

- Eu declaro que todas as maldições desconhecidas sobre minha vida serão destruídas, em nome Jesus.
- Eu declaro que todas as maldições de feitiçaria sobre o meu destino, morram agora, em nome Jesus.
- Eu declaro que toda aliança maligna de minha vila que está afetando meu progresso, seja destruída agora mesmo, em nome Jesus.
- Declaro toda feitiçaria e aliança de espírito familiar contra minha vida conjugal, já basta, morra agora, em nome Jesus.

Segundo Dia

Verso da Bíblia: Filipenses 1: 27-30

- Que todos os olhos que monitoram sejam vendados e nunca mais vejam, em nome Jesus.

- Que minha vida, este ano, testemunhe um tipo de unção que me tornará maior do que meus antepassados.
- Toda atividade espiritual das trevas contra minha vida, seja infrutífera, em nome Jesus.
- Que o poder que libertou Jacó de Labão livre minha glória de mais desperdício.
- O poder que me fará alcançar este ano com facilidade, Senhor, libere sobre mim.
- Senhor, este ano minha vida não será como a cobra víbora que nunca vive para testemunhar a alegria da prole que deu à luz.
- Senhor, agradeço pelo futuro glorioso da minha vida e as pessoas nestas fotos.
- Todo espírito operando no escuro contra minha família morra, em nome Jesus
- Eu paraliso todo esforço de maldade direcionado contra meu destino, em nome Jesus.
- Cada poder da noite que manipula o destino das pessoas através do sonho, seja desperdiçado, em nome Jesus.

Terceiro Dia:

Versículo da Bíblia: Efésios 6:13

- Todos os principados e potestades em missão concernente ao meu destino sejam presos, em nome Jesus.
- Senhor, livrai-me de toda manipulação de bruxaria destinada a me derrubar na vida, em nome Jesus.
- Força de aflição, minha vida não é tua candidata, caia e morra ,em nome Jesus.
- Cada arma de ataque satânico usada contra minha vida, seja desperdiçada em nome Jesus.
- Eu ergo um estandarte contra cada ataque dos governantes das trevas em minha vida, em nome Jesus.
- Eu levanto um estandarte contra todo ataque de maldade espiritual contra minha vida, em nome Jesus.
- Cada agente da maldade em missão relativa à minha vida e destino seja preso, em nome Jesus.

- Eu rejeito toda manipulação espiritual e operações em meu sonho a partir de hoje, em nome Jesus.
- Cada flecha da escuridão disparada contra meu destino, saia pela culatra, em nome Jesus.
- Pai, proteja .minha família com o sangue do nome de Jesus de todas as formas de ataques espirituais em nome Jesus.

Quarto Dia

Verso da Bíblia: Hebreus 3:13

- Senhor, ataque todos os algozes espirituais que atacam meu destino, em nome Jesus
- Pai, pelo fogo do Espírito Santo, torne minha vida impossível de ser atacada, em nome Jesus.
- Quaisquer maldições conhecidas e desconhecidas operando no escuro contra meu destino ,destruam-se, em nome Jesus.
- Qualquer homem forte aplicando maldições contra minha vida morra em nome Jesus.

- Cada maldição pré-concebida oprimindo meu destino destrua-se, em nome Jesus.
- Quaisquer maldições emanadas de quaisquer maldições dos pais autoimpostas contra meu destino, destruam-se e saiam pela culatra, em nome Jesus.
- Poderes impondo maldições desconhecidas contra meu destino, exponham-se e morram em nome Jesus
- Quaisquer maldições que me façam permanecer na escravidão perpétua, destruam-se em nome Jesus
- Maldições de família escondidas que eu herdei, destruam-se em nome Jesus
- Quaisquer maldições ocultas pós-concebidas que me deixem desolado exponham-se e destruam-se em nome Jesus

Quinto Dia

Verso da Bíblia: 1 Coríntios 16:13

- Qualquer censor de maldições escondido em meu alicerce, seja desarraigado e destruído, em nome Jesus.

- Maldições patrocinadas por bruxaria para destruir minha linhagem familiar em nome Jesus
- Qualquer maldição de infância que herdei no dia da cerimônia de nomeação, destruam-se em nome Jesus
- Maldições trabalhando contra minha cabeça para me trazer azar, destruam-se em nome Jesus
- Quaisquer maldições de andar em círculo trabalhando contra minha fundação, destruam-se em nome Jesus
- Qualquer encantamento emitido sobre mim no dia em que nasci, saia pela culatra em nome Jesus
- Qualquer observância demoníaca em meu nome quando nasci, seja anulada em nome Jesus
- Todos os rituais familiares que trouxeram maldições sobre meu destino sejam cancelados em nome Jesus

- Eu quebro o poder dos ímpios sobre minha vida por causa de maldições desconhecidas em nome Jesus
- Quaisquer maldições ocultas que promovam a pobreza em minha vida, destruam-se em nome Jesus

Sexto Dia

Versículo da Bíblia: 2 Crônicas 32: 6-8

- Quaisquer maldições desconhecidas que promovam atraso e estagnação em minha vida, destruam-se em nome Jesus
- Quaisquer palavras malignas faladas por causa da tradição familiar em minha vida que agora estão afetando meu destino, sejam destruídas em nome Jesus
- Quaisquer maldições que trabalhem incessantemente para me desgraçar, destruam-se em nome Jesus
- Quaisquer maldições trazidas sobre o meu destino por ignorância, destruam-se em nome Jesus

- Quaisquer maldições desconhecidas emanando de relacionamentos rompidos no passado, destruam-se em nome Jesus
- Maldições de esterilidade e vazio operando em minha vida, destruam-se e saiam pela culatra agora em nome Jesus
- Tudo o que não foi plantado por Deus em minha vida, seja arrancado em nome Jesus
- Agradeça a Deus por Sua misericórdia e pelas respostas às suas orações em nome Jesus
- Cubro-me adequadamente com o sangue de Jesus e me oponho a qualquer poder que esteja pronto para resistir a mim.
- Qualquer agente satânico fingindo ser um conselheiro para projetar o mal em minha vida; caia em desgraça, em nome Jesus

Dia sete.

Verso da Bíblia: 2 Tessalonicenses 3: 2

Se você é pastor, ore as seguintes orações vigorosamente.

- Qualquer flecha espiritual que eu orei de qualquer pessoa que agora está em minha família; seja queimado no fogo, em nome Jesus

- Qualquer demônio da escravidão conjugal que o Espírito Santo já me usou para expulsar do casamento das pessoas antes, agora oprimindo meu casamento; solte seu domínio pelo fogo em nome Jesus
- Qualquer demônio de enfermidade em minha vida ou em minha família como resultado de meu ministério a pessoas que o tenham possuído; saia agora pelo fogo, em nome Jesus
- Qualquer feitiçaria doméstica que o Espírito Santo tenha usado no meu ministério para expulsar, que agora esteja afetando a mim ou minha família; seja repentinamente destruído, em nome Jesus
- Qualquer feitiçaria marinha que se enfureça contra mim e minha família como resultado da destruição de suas obras na vida das pessoas; seja silenciado pelo sangue de Jesus.

- Qualquer membro da minha família oprimido por qualquer espírito familiar que foi expulso através do meu ministério; receba libertação divina, em nome Jesus
- Cada maldade espiritual no céu reforçando contra mim e meu ministério; caia em desgraça pelo sangue de Jesus.
- Todo espírito servil designado contra mim para vigiar minha hora de descuido; receba os raios de Deus e afaste-se de mim, em nome Jesus
- Cada assembleia de feitiçaria local formada contra meu ministério; receba um batismo de destruição múltipla, em nome Jesus
- Qualquer poder adivinhando contra mim e meu ministério, caia e pereça, em nome Jesus
- Qualquer poder em que circule meu nome para o mal como resultado de meu trabalho ministerial, caia e morra agora, em nome Jesus
- Qualquer agente satânico que já esteja no redil de ovelhas propositalmente para me

vigiar e relatar de volta ao mundo maligno; exponha-se e caia em desgraça, em nome Jesus

- Que todo perigo ministerial que já sofri, seja curado pelo sangue de Jesus.
- Todas as coisas boas levadas por demônios furiosos do meu casamento, vida financeira e ministério; restaure-se cem vezes, em nome Jesus
- Qualquer demônio designado para frustrar meu sucesso à beira das descobertas; seja expulso pelo fogo em nome Jesus
- Qualquer poder criando dificuldades para mim no ministério; seja queimado no fogo, em nome Jesus Qualquer poder que crie desfavor e desvie meus ajudantes divinamente designados, destrua-se repentinamente, em nome Jesus
- Cada flecha que eu já atirei e que foi devolvida para mim, retorne com uma força cem vezes maior, no nome de Jesus.

- Eu me protejo com o sangue de Jesus contra qualquer reunião, reconexão e reforço do mal, em nome Jesus
- A aflição não surgirá uma segunda vez em minha vida, em nome Jesus
- Doravante, que nenhum principado, poder, governante das trevas, maldade espiritual no céu, mentiras e maldades locais me perturbe, pois eu trago em meu corpo as marcas do Cordeiro de Deus.
- O Senhor me dá a sabedoria necessária para fazer a coisa certa na hora certa.

Primeira face: Orações de guerra espiritual por 7 dias

PREPARAÇÃO: Antes de empreender qualquer tipo de guerra espiritual, existem algumas coisas que você precisa fazer para se preparar.

ORE: Busque a face do Senhor orando para que o Senhor permita a você, o alvo do ataque, ou se é mesmo um ataque espiritual. E, se você perceber que está sob ataque, peça a Ele que lhe dê orientação e sabedoria para saber como reagir. Além disso, peça ao Senhor por Sua proteção com a cobertura do sangue de Jesus. Cristo para você e seus entes queridos. Ore para que o Senhor lhe dê um coração receptivo, olhos que veem e ouvidos que ouçam durante a próxima etapa.

LEIA: Você também precisa ler a Bíblia. Isso não apenas nos manterá focados no Senhor e em Seus caminhos, mas o Senhor falará conosco por meio das escrituras. Você também encontrará exemplos de outros que perseveraram durante os ataques de Satanás, como Jó. Assim como você não gostaria de entrar em uma batalha física sem ter comido algo para ter força, você também não deve entrar em uma batalha espiritual sem alimento espiritual (lendo a Bíblia) para ter força. Quando o Senhor Jesus foi tentado por Satanás, Ele respondeu a todas as tentações com as escrituras. A palavra de Deus é chamada de "espada do Espírito" em Efésios capítulo 6. Também é a única "arma" ofensiva listada nesta passagem sobre a "Armadura de Deus."

ORE DE NOVO: Depois de ler a palavra de Deus, ore novamente e medite sobre o que leu. Isso se aplica à sua situação? Peça ao Senhor para revelar qualquer mensagem ou conhecimento que Ele possa estar tentando mostrar a você. Frequentemente, você descobrirá que Ele o guiou a passagens que realmente se relacionam com o que você está passando. Pense no que leu e peça ao Senhor que lhe mostre como usar o que aprendeu e como aplicá-lo em sua situação atual.

ELOGIO: Várias fontes discordarão sobre a utilidade do louvor para combater o ataque espiritual. Alguns dizem que é uma parte essencial, outros dizem que não tem valor durante a guerra espiritual. Pessoalmente, acredito que o louvor desempenha um grande papel em nossa resposta aos ataques de Satanás e seus obreiros.

Seção B

O ataque espiritual em você deve desaparecer no final das orações do 7º dia e se não tiver desaparecido, então continue orando pelos próximos 21 dias com jejum.

As orações nesta seção são mais para solucionar problemas. Você precisa orar todos eles vigorosamente. Por favor, jejue e faça uma pausa às 12 horas ou melhor até às 18 horas, dependendo da constituição do seu corpo. Ore todos os pontos de oração 10 a cada dia, de segunda a domingo por 21 dias.

Orações mais poderosas sobre ataques espirituais

Primeiro Dia

Versículo da Bíblia: Efésios 3:16

- Senhor, localize e destrua pelo fogo todo feitiço, maldição, manipulação e bruxaria do mal trabalhando contra minha vida, em nome Jesus
- Fogo de fantasma sagrado flui através de mim e destrói toda personalidade e

plantação demoníaca em minha vida, em nome Jesus

- Eu removo meu nome de toda lista do mal, em nome Jesus
- Cada personalidade demoníaca que me segue será presa pelo fogo, em nome Jesus
- Eu prendo todo feiticeiro, adivinho, necromante, falso profeta ou vidente profetisa e feiticeiro contratado para me fazer mal, em nome Jesus
- Eu reverto todo mal feito a mim em meus sonhos, em nome Jesus
- Desmonte e destrua todos os dispositivos de monitoramento dos inimigos, em nome Jesus
- Oh Senhor, visite a fundação da minha vida e resolva todos os problemas nela, em nome Jesus
- Eu destruo todo poder de controle longínquo trabalhando contra minha vida, em nome Jesus
- Cada poder abortando minha bênção seja vinculado, em nome Jesus.

Dia dois

Versículo da Bíblia: Filipenses 4:13

- Eu comando todas as maldições de lá, mas haverá de ser quebrada e destruída, em nome Jesus.
- Cada agente de tráfego satânico desviando coisas boas de mim fique paralisado, em nome Jesus.
- Eu destruo todas as paredes de Jericó erguidas por minha causa, em nome Jesus
- Todo material fetiche no solo, no sonho, nos altares demoníacos, no céu, em um recipiente, em uma prateleira, seja queimado no fogo, em nome Jesus
- Cada maldição de falsos profetas e falsos pastores, seja quebrada e destruída, em nome Jesus
- Cada cadeado satânico em meu local de nascimento trabalhando contra mim, ordeno que seja queimado, em nome Jesus
- Cada veneno em meu corpo de vodu, obeah, juju, santeria e todo o poder da bruxaria seja lavado pelo sangue de Jesus., em nome Jesus

- Cada reunião contra mim por feitiçaria, receba confusão, em nome Jesus
- Cada árvore maligna plantada por minha causa, seja cortada agora, em nome Jesus

Terceiro Dia

Versículo da Bíblia: Efésios 6:13

- Todo poder me mantendo para baixo, torne-se impotente, em nome Jesus
- O fogo do Espírito Santo flui através de mim do topo da minha cabeça até a planta do meu pé e destrói toda personalidade e plantação demoníaca em mim, em nome Jesus
- Cada flecha disparada em meu destino, saia pela culatra, em nome Jesus
- Todo destino que foi roubado de mim quando eu era bebê, ou enquanto crescia volte para mim agora, em nome Jesus
- Cada porta ou portão entre mim e minha bênção, saia do caminho, em nome Jesus
- Todas as paredes de Jericó que estão contra o meu progresso caiam, em nome Jesus

- Cada objeto estranho rastejando em meu corpo morra, em nome Jesus
- Cada autoridade oculta e perseguidor teimoso que esteja me seguindo, seja preso, em nome Jesus
- Toda vestimenta de vergonha em mim seja destruída pelo fogo, em nome Jesus
- Eu retiro tudo o que foi roubado de mim, em nome Jesus

Quarto Dia

Versículo da Bíblia: 1 Pedro 2:11

- Eu declaro todas as áreas da minha vida zona de perigo para você diabo e todos os espíritos imundos, em nome Jesus
- Eu separo minha família e eu de toda maldição ancestral maligna, em nome Jesus
- Qualquer coisa que espíritos imundos comeram em minha vida. Ou seja o que for que eles tenham destruído, eu decreto uma restauração completa agora, em nome Jesus
- O sangue de Jesus apagou todas as marcas do mal em minha vida, em nome Jesus,

- Eu removo meu nome de toda lista do mal pelo Sangue de Jesus., em nome Jesus,
- Retiro meu nome do livro de causalidades demoníacas, em nome Jesus
- Eu quebro todos os convênios familiares que estejam me afetando negativamente minha vida, em nome Jesus,
- A cada noite má eu te acorrento, em nome Jesus,
- Eu me afasto de todo domínio demoníaco, em nome Jesus,
- Cada personalidade demoníaca que me segue será presa pelo fogo, em nome Jesus,

Dia 5
Verso da Bíblia: Hebreus 3:13

- Eu me liberto de toda manipulação e controle das igrejas demoníacas, espirituais e de vestes brancas, em nome Jesus
- Eu expulso todo espírito mau de minha alma, espírito e corpo, em nome Jesus

- Eu quebro todos os vínculos com o espírito demoníaco em minha vida pelo sangue de Jesus., em nome Jesus
- Eu destruo todo espírito maligno falando comigo no sonho, em nome Jesus
- Todo mal em todo meu corpo e minha alma, morra em nome Jesus
- Todos os espíritos malignos da casa de meu pai peguem fogo, em nome Jesus
- Pelo poder do Sangue de Jesus., o espírito maligno que rodeia minha casa seja dispersado, em nome Jesus.
- Senhor, que sejam queimados no fogo todas as bruxas e feiticeiros realizando reunião no meio da noite em minha casa, em nome Jesus.
- Todas as flechas malignas enviadas para minha casa, meus filhos, minha esposa, minha família, meus colegas de escola, meus amigos, voltem ao remetente em nome Jesus.

- Eu declaro que todo o meu corpo e minha alma estão muito quentes para o diabo penetrar, em nome Jesus.

Dia 6

Verso da Bíblia: *Efésios 6:11: "Revesti-vos de toda a armadura de Deus, para que possais resistir aos esquemas do diabo."*

- Jesus viu Satanás como um raio caindo do céu. Ele então me deu autoridade para pisar em serpentes e escorpiões e sobre todo o poder de satanás, eu exerço essa autoridade diariamente, em nome de Jesus. (Lucas 10:18, 19).
- No poderoso nome de Jesus., eu destruo todas as transações contrárias ao meu avanço, todas as respostas de bloqueio de poder às minhas orações desapareçam, pelo sangue de Jesus eu sacudo o assento das trevas em meus céus, eu rejeito o poder do governo humano satânico sobre minhas finanças, em nome Jesus.

- Eu me liberto de todos os laços do satanás, em nome Jesus.
- Aqueles que usaram o poder das folhas e do pó contra mim, decreto a suspensão do seu governo sobre a minha vida, viro a mesa contra todo feiticeiro, nenhuma bruxa ou feiticeiro prosperará no local de meu emprego, negócio ou trabalho, todo poder satânico não pode mais sequestrar meu espírito, em nome de Jesus!
- Senhor, eu amarro, repreendo e firo todos os espíritos prejudiciais de satanás, pois ele está sob meus pés, em nome Jesus.
- Eu renuncio e anulo toda a raiva ímpia e não dou lugar ao diabo, em nome Jesus.
- Agora mesmo, minhas orações se tornaram terremotos e tempestades no acampamento do diabo que está contra minha vida, o Senhor reunirá suas armaduras contra poderes que são contra meu crescimento intelectual, todas as doenças conhecidas ou desconhecidas em minha vida receberão tempestade celestial, toda conspiração

contra qualquer parte do meu corpo receba destruição agora, em nome de Jesus!

- Eu supero qualquer tentativa que Satanás tente trazer para minha vida e sou entregue do poder de Satanás a Deus, em nome Jesus.
- A tempestade do Senhor perseguirá e dominará todos os poderes que conspiram para meu rebaixamento, de agora em diante todos os meus inimigos começarão a lutar contra si mesmos, eu decreto confusão no acampamento de meus inimigos, NO PODEROSO NOME de Jesus!
- Eu decreto e declaro grande baixa sobre bruxas e feiticeiros que operam em minha vizinhança, o julgamento de Deus atormentará os poderes das trevas trabalhando contra mim à noite e pela manhã, a noite levará terror e raiva contra todos os poderes satânicos que estão de pé contra mim, ordeno que a tempestade de destruição reúna todas as forças satânicas que são contra a minha saúde, NO PODEROSO NOME de Jesus!

- Em nome de Jesus, eu prendo o ladrão por roubar, matar ou destruir minha vida, família, ministério e igreja.
- Em nome de Jesus, Senhor eu removo todas as sinagogas de satanás e cada assento de satanás da minha cidade e nação.
- Eu amarro e anulo toda a ira do diabo dirigida contra minha vida, em nome Jesus.
- Estou sóbrio e vigilante contra meu adversário, o diabo e todas as suas hostes, porque ele é um adversário derrotado, em nome Jesus.
- Diabo, eu resisto a você; fuja! Em nome de Jesus.

Dia 7
Orações quebrando maldições
Verso da Bíblia: Deuteronômio 28: 1-68 Mateus 5: 1-48

- EU QUEBRO TODAS AS MALDIÇÕES DE LUXÚRIA, PERVERSÃO, REBELIÃO, FEITIÇARIA, IDOLATRIA, POBREZA, REJEIÇÃO, MEDO, CONFUSÃO, VÍCIO, MORTE E DESTRUIÇÃO, em nome Jesus

- EU ORDENO A TODAS AS GERAÇÕES DE ESPÍRITOS QUE ENTRARAM EM MINHA VIDA DURANTE A CONCEPÇÃO, NO VENTRE, NO CANAL DE NASCIMENTO E ATRAVÉS DO CORDÃO UMBILICAL SAIAM, em nome Jesus
- QUEBRO TODAS AS MALDIÇÕES E PALAVRAS NEGATIVAS FALADAS AO LONGO DA MINHA VIDA POR OUTROS, INCLUINDO AS COM AUTORIDADE, em nome Jesus
- EU ORDENO A TODOS OS ESPÍRITOS ANTEPASSADOS DA MAÇONARIA, IDOLATRIA, FEITIÇARIA, FALSA RELIGIÃO, POLIGAMIA, LUXÚRIA E PERVERSÃO A SAIR DA MINHA VIDA, em nome Jesus
- EU ORDENO TODOS OS ESPÍRITOS HEREDITÁRIOS DE LUXÚRIA, REJEIÇÃO, MEDO, DOENÇA, ENFERMIDADE, DOENÇA, RAIVA, ÓDIO, CONFUSÃO, FRACASSO E POBREZA A SAIR DE MINHA VIDA, em nome Jesus
- QUEBRO TODAS AS MALDIÇÕES E PALAVRAS NEGATIVAS QUE FALEI NA MINHA VIDA, em nome Jesus

- EU QUEBRO TODOS OS JURAMENTOS, VOZES E PASSOS FEITOS COM O DIABO POR MEUS ANTEPASSADOS, em nome Jesus
- EU QUEBRO OS DIREITOS LEGAIS DE TODAS AS GERAÇÕES DE ESPÍRITOS QUE OPERAM ATRÁS DE UMA MALDIÇÃO, em nome Jesus VOCÊ NÃO TEM DIREITO LEGAL DE OPERAR NA MINHA VIDA.
- EU OBRIGO E RECOMPENSO TODOS OS ESPÍRITOS FAMILIARES E GUIAS ESPÍRITAS QUE TENTARAM OPERAR NA MINHA VIDA DE MEUS ANTEPASSADOS, em nome Jesus
- RENUNCIO TODAS AS FALSAS CRENÇAS E FILOSOFIAS HERDADAS POR MEUS ANTEPASSADOS, em nome Jesus

Orações quebrando maldições continuar

Oitavo Dia

Verso da Bíblia: Mateus 5: 1-48

- EU QUEBRO TODAS AS MALDIÇÕES SOBRE MINHAS FINANÇAS DE QUAISQUER ANTEPASSADOS QUE ENGANARAM OU MALTRATARAM DINHEIRO, em nome Jesus
- EU QUEBRO TODAS AS MALDIÇÕES DE DOENÇA E ORDENO ÀS DOENÇAS HERDADAS QUE DEIXEM MEU CORPO, em nome Jesus
- ATRAVÉS de Jesus., MINHA FAMÍLIA É ABENÇOADA (Gênesis 12: 3).
- RENUNCIO A TODO O ORGULHO HERDADO DE MEUS ANTEPASSADOS em nome Jesus
- QUEBRO TODAS AS MALDIÇÕES DOS AGENTES DE SATANÁS FALADAS CONTRA MINHA VIDA EM SEGREDO, em nome de Jesus. (Salmos 10: 7).

- QUEBRO TODAS AS MALDIÇÕES ESCRITAS QUE AFETARIAM A MINHA VIDA, em nome de Jesus. (2 CRÔNICOS 34:24).
- EU QUEBRO TODO MOMENTO TODAS AS MALDIÇÕES LIBERADAS QUE ATIVARIA NA MINHA VIDA À MEDIDA QUE ENVELHEÇO em nome Jesus
- EU QUEBRO TODA MALDIÇÃO QUE BALAAM EMPREENDEU CONTRA MINHA VIDA, em nome de Jesus. (NE 13: 2).

Dia Nove: (Continuação das orações de maldições)

Versículo da Bíblia: Gálatas 3:13 - Cristo nos resgatou da maldição da lei, fazendo-se maldição por nós; porque está escrito: Maldito todo aquele que for pendurado no madeiro:

- SENHOR, TRANSFORME CADA MALDIÇÃO FALADA CONTRA MINHA VIDA EM UMA BÊNÇÃO (NE 13: 2).
- QUEBRO TODAS AS GERAÇÕES DE REBELIÃO QUE ME FAZ RESISTIR AO ESPÍRITO SANTO (ATOS 7:51).

- EU QUEBRO TODAS AS MALDIÇÕES DE MORTE FALADAS POR PESSOAS EM AUTORIDADE NA MINHA NAÇÃO em nome Jesus
- Eu submeto minha vontade, pensamentos e vida ao SENHOR DE CRISTO JESUS e suplico o SANGUE de Jesus sobre minha mente, ordenando estabilidade e ordem para prevalecer em minha alma.
- Eu quebro o poder da ilusão, sedução, feitiçaria e intimidação da bruxaria, sabendo que, em nome de Jesus, todo joelho deve se dobrar.
- Eu decreto a liberdade dos poderes das trevas, Jezabel, palavras proféticas falsas, controladores, manipuladores, feiticeiros, bruxas, falsificações, laços de alma, loucura espiritual, adivinhos, espíritos mentirosos, sonhos e visões mentirosas.
- Eu me arrependo do pecado, da iniquidade e da transgressão (Isaías 53), tanto conhecidos quanto desconhecidos, e me submeto

totalmente ao SENHOR de Jesus. CRISTO e SUA PALAVRA.

- Eu me visto com a ARMADURA de DEUS e pego as armas da minha guerra que não são carnais, mas poderosas na destruição de fortalezas.
- Eu me dedico somente à VONTADE de Jesus CRISTO para minha vida.
- Eu me arrependo da rebelião, orgulho, arrogância, espiritualismo, controle, manipulação, desejos vãos, desistindo de buscar a face de Jesus, não ler minha Bíblia, não passar tempo com Jesus e desrespeitar os santos dons quíntuplos da ascensão de Deus e os verdadeiros líderes santos que pertencem a JESUS.
- Eu renuncio a associações erradas, levando mensagens de bruxaria, motivos falsos e agendas ocultas.

Sinais de alerta de ataques espirituais

1. Perda do desejo espiritual. O objetivo de qualquer ataque espiritual é desviar você do que Deus deseja fazer em sua vida. É por isso que o primeiro sinal de alerta de ataque é a perda do desejo espiritual. Não vivemos apenas de sentimentos, mas há uma diferença entre fazer algo meramente por obrigação e fazer algo porque você se delicia com isso. Quando você se deleita no Senhor, nada mais se compara. Alguém apaixonado por Deus encontra prazer nas coisas de Deus.
2. Fadiga física. O segundo sinal de alerta é a fadiga física. Sei que não parece muito espiritual, mas lembre-se de que somos seres criados - espírito, alma e corpo. Se meu corpo estiver fraco, isso permite que as coisas entrem em minha mente (alma), e que as coisas afetem negativamente meu espírito. Muitas vezes, enfrentamos nossos maiores ataques antes de uma grande promoção ou logo após uma grande vitória. Lembre-se de

quando você estiver passando por isso - um ataque pode muito bem ser uma indicação de que você está prestes a ser promovido ou que apenas teve uma grande vitória.

3. "Falta de ataque." O terceiro sinal de que você está sob ataque é um "falta de ataque". Há momentos em que parece que todos os seus recursos secam ao mesmo tempo. O inimigo ataca nisso para fazer você tirar os olhos de Deus e colocar os olhos no dinheiro. Se ele pode fazer com que você se preocupe em vez de adorá-lo, você começará a tomar decisões com base na oportunidade em vez da unção. Lembre-se sempre de que há duas ocasiões em sua vida em que você é especialmente vulnerável à tentação: quando você *não tem nada* e quando você tem *tudo*. Fique perto de Deus tanto nos momentos bons quanto ruins.

4. Fraca vida de oração. O quarto sinal de que você está sob ataque espiritual é uma vida de oração enfraquecida. "Você não poderia assistir comigo uma hora?" Jesus perguntou

a Seus discípulos. Então, Ele lhes disse: "Vigiem e orem, para não cair em tentação. O espírito está pronto, mas a carne é fraca (Mt 26: 40-41)".

5. Sentindo-se oprimido e desamparado. Você está se sentindo oprimido pelas circunstâncias? Isso pode ser um sinal de que você está sob ataque. A palavra *circunstância* vem de duas palavras: *circun* (cercar) e *postura* (permanecer). Em outras palavras, você está cercado pelo que está acontecendo. Não demora muito para que a sensação de estar sobrecarregado leve ao desespero. A Bíblia diz: "A esperança adiada torna o coração doente" (Prov. 13:12). Também nos diz: "A fé é o firme fundamento das coisas que esperam e a prova das coisas que não se veem" (Hb 11:1). Se o inimigo pode fazer você perder a esperança, ele pode fazer você parar de viver pela fé.

6. Velhos hábitos e estilos de vida ressurgem. O sexto sinal de que você está sob ataque espiritual é que velhas iniquidades começam

a ressurgir em sua vida. O que é uma iniquidade? Alguns consideram as iniquidades aqueles velhos hábitos que sua alma deseja adotar quando as coisas não estão indo do seu jeito - coisas que satisfazem a carne. Se isso começar a acontecer, não ignore a convicção de advertência do Espírito Santo.

7. Afastando-se de relacionamentos piedosos. Quando velhas iniquidades começam a tentá-lo, o próximo sinal de ataque espiritual com certeza virá: afastar-se de relacionamentos piedosos. Olhe em volta. Você abandonou o relacionamento com pessoas na igreja ou com pessoas de seu pequeno grupo? Cada vez mais os seus amigos têm uma mente carnal em vez de uma mente espiritual? Nesse caso, você está tropeçando no campo de batalha e o inimigo tem um alvo na sua cabeça.

Orações pela orientação e proteção de Deus

Dia 10

Versículo Bíblico: Lucas 1:37 "Porque para Deus nada é impossível."

- O Pai Celestial me envolve com seu escudo de amor e proteção, em nome Jesus.
- Tem compaixão e misericórdia de mim ó Rei dos Reis pelos meus pecados, lave-os todos com o precioso sangue de Jesus.
- Oh Senhor, afaste todos os principados e potestades que estão reunidos para obscurecer meu julgamento, em nome Jesus.
- Oh Senhor, afaste quaisquer poderes malignos que estão reunidos para trazer caos e confusão para minha vida, em nome Jesus
- Pai, destrua todos os planos que o Diabo possa ter arquitetado contra mim para trazer destruição à minha vida, no poderoso nome de Jesus.

- Ó Senhor, conduza-me no caminho certo e me mostre o que fazer em cada situação da minha vida, em nome Jesus.
- Ajude-me a resistir a qualquer forma de tentação em minha vida, em nome Jesus.
- Guie-me e proteja-me todos os dias da minha vida, em nome Jesus.
- Eu reconheço que não posso fazer isso sozinho, Senhor.
- Eu preciso que você assuma o controle total da minha vida, em nome Jesus.

Dia onze

ORAÇÃO PELA ORIENTAÇÃO E PROTEÇÃO DE DEUS
Continue

Verso da Bíblia: Provérbios 3: 5-6 Confie no Senhor de todo o seu coração E não se atenha no seu próprio entendimento. Em todas suas maneiras reconheça-o, e ele endireitará as tuas veredas.

- Bem-vindo, meu Senhor, para assumir o controle de todas as áreas de minha vida, meu destino, minha saúde, minha família,

meu trabalho, minha carreira e minhas finanças.
- Entrego todas as áreas da minha vida a você e lhe dou elogios por quem você é, e pelo que tem feito por mim.
- Agradeço a você, senhor, por seu amor incondicional, por sua paciência comigo, por sua compreensão, por sua compaixão e por sua proteção.

No Poderoso Nome de Jesus, eu oro em ações de graças em meu coração. Amém

Usando o sangue de Jesus como uma arma.

Dia 12, Pontos de oração. Versículo bíblico: (Efésios 2:13) "Mas agora, em Cristo Jesus, vós, que antes estavas longe, estais perto pelo sangue de Cristo."

- Obrigado Pai pelos benefícios e provisões do sangue de Jesus.
- Eu estou na base do sangue de Jesus para proclamar a vitória sobre o pecado, Satanás e seus agentes e o mundo.
- Eu aplico o sangue de Jesus a todos os problemas teimosos da minha vida.
- Eu imploro o sangue de Jesus sobre meu corpo, do topo da minha cabeça até a planta dos meus pés.
- Eu mergulho minha vida no sangue de Jesus.
- Eu paraliso todos os opressores satânicos delegados contra mim com o sangue de Jesus.
- Eu tenho o sangue de Jesus como um escudo contra qualquer poder que já esteja

preparado para resistir a mim em nome Jesus.
- Pelo sangue de Jesus, eu me coloco contra todo artifício de distração.
- Eu confio na palavra de Deus e me declaro inabalável em nome Jesus.
- Que cada porta que abri para o inimigo seja fechada para sempre com o sangue de Jesus.

Dia 13

USANDO O SANGUE de Jesus. COMO ARMA (continuação)

Verso da Bíblia: (Efésios 1: 7) "Nele temos a redenção pelo Seu sangue, a remissão dos pecados, segundo as riquezas da Sua graça."

- Pelo sangue de Jesus, fui redimido das mãos do diabo.
- Eu ando na luz e o sangue de Jesus me limpa de todos os pecados.
- Através do sangue de Jesus eu sou justificado, santificado e feito santo com a santidade de Deus.

- Através do sangue de Jesus tenho a vida de Deus em mim.
- Através do sangue de Jesus, eu tenho acesso à presença do Senhor.
- Eu paraliso e corto a cabeça do meu Golias com o sangue de Jesus.
- Se houver alguma coisa em mim que não seja de Deus, eu não quero. Vá embora no poderoso nome de Jesus.
- Deixe o sangue da Cruz ficar entre mim e qualquer poder das trevas delegado contra mim.
- Eu amaldiçoo cada obra das trevas em minha vida para secar até as raízes, pelo sangue de Jesus.

Dia 14

USANDO O SANGUE de Jesus. COMO ARMA (continuação) Pontos de oração Verso da Bíblia: (Levítico 17:11) "Porque a vida da carne está no sangue, porque é o sangue que faz expiação pela alma."

- Eu derroto, paraliso e apago o espírito de rebaixamento, degradação financeira, fracasso à beira de milagres, assassinos de visão, atacantes de sonhos e problemas herdados pelo sangue de Jesus.
- Que o poder do sangue de Jesus seja liberado em meu favor e que fale contra cada osso morto em minha vida.
- Que o poder do sangue de Jesus seja liberado em meu favor e que fale contra cada montanha teimosa em minha vida, em nome de Jesus, eu imploro o sangue de Jesus.
- Em nome de Jesus, eu aplico o sangue de Jesus na minha casa.
- Em nome de Jesus, eu me mergulho no sangue de Jesus.
- Em nome de Jesus, eu aplico o sangue de Jesus na minha casa. Demônios, vocês não podem entrar em minha casa.
- Eu desenho um círculo do sangue de Jesus ao meu redor.
- Eu traço a linha de sangue de proteção em torno de minha propriedade.

- Eu venci você Satanás pelo sangue do Cordeiro.
- Você não pode colocar nenhuma doença em mim porque eu fui redimido pelo sangue do Cordeiro.
- Deixe o sangue de Jesus espalhar confusão no acampamento do inimigo.
- Que o sangue de Jesus fale da destruição a todo crescimento maligno em minha vida.
- Deixe o sangue de Jesus fale do desaparecimento a todas as enfermidades de minha vida.
- Deixe o sangue de Jesus falar paz a todo casamento desfeito.
- Satanás, o Jesus que derramou Seu sangue, esmagou sua cabeça e Ele é meu Senhor.
- Deixe o sangue de Jesus falar de vitória e prosperidade para minha vida.

Dia 15

USANDO O SANGUE de Jesus. COMO ARMA (continuação)

Versículo bíblico: "Porque este é o meu sangue da nova

aliança, que é derramado por muitos para remissão de pecados." (Mateus 26:28)

- Eu espalho o sangue de Jesus em todas as minhas propriedades.
- Deixe o sangue de Jesus secar toda árvore do mal usada contra mim.
- Você, poder do mal, eu trago o poder do sangue de Jesus para amarrar você.
- Eu torno todos os poderes do mal que militam contra mim impotentes pelo sangue de Jesus.
- Eu tenho o sangue de Jesus contra você e declaro que você foi derrotado.
- Que o sangue de Jesus reduza a nada qualquer obra maligna em minha vida.
- Eu ministro morte ao inimigo do progresso em minha vida pelo sangue de Jesus.
- Eu vinculo a resistência de qualquer problema pelo sangue de Jesus.
- Eu crio uma fronteira contra você, diabo, pelo sangue de Jesus.

- Eu seguro o sangue de Jesus contra qualquer espírito maligno trabalhando contra mim.
- Eu seguro o sangue de Jesus contra qualquer bruxa trabalhando contra mim.

Dia 16 Guerra Espiritual: Pontos de Oração

Versículo Bíblico: 1 Pedro 5: 8 - Esteja sóbrio, seja vigilante; porque o diabo, vosso adversário, anda à espreita rugindo como leão, procurando a quem possa tragar:

- Em nome de Jesus, ordeno a todo e qualquer espírito de confusão que possa estar me afligindo, que saia imediatamente e nunca mais volte.
- Em nome de Jesus, eu ordeno a todo e qualquer espírito maligno dentro ou ao meu redor para imediatamente partir e nunca mais voltar.
- Em nome de Jesus, eu clamo a Vitória. Eu clamo a Vitória em JESUS sobre a minha mente, sobre o meu coração, sobre os meus pensamentos, sobre a minha carne e sobre a minha alma.
- Pois Deus não nos deu espírito de temor; mas de poder, de amor e de uma mente sã. 2 Timóteo 1: 7

- Se houver qualquer maldição, feitiço de gerações que esteja me afetando, eu, por meio deste, amarro e lanço-o para longe dele e o torno vazio e nulo, pelo Sangue de Jesus,
- Se houver qualquer maldição ou feitiço de qualquer tipo me afetando, eu por meio deste amarro e jogo para longe dele e o torno vazio e nulo, pelo Sangue de Jesus,
- Eu imploro O Sangue de Jesus sobre toda a minha propriedade, automóvel, caixa postal, portas, janelas, armários, quartos, casa, terra, casa, livros, revistas, literatura, filmes, música, computadores, comida, ar que respiro, água, bebida, remédio e tudo ao meu redor, em nome Jesus
- Eu imploro o Sangue de Jesus sobre todas as frequências e ondas e sinais no ar ao meu redor, em nome Jesus
- Se houver alguma forma de mal ao meu redor, peço a JESUS que, por favor, exponha isso e me ajude a ser libertado, e por meio deste, eu aceito essa libertação, em nome Jesus.

- Em nome de Jesus, eu repreendo o medo, as mentiras, a dúvida e a incredulidade, o espírito de homicídio e o espírito de ódio. Por meio deste, eu os jogo para longe de mim e ordeno que nunca mais voltem, em nome Jesus
- Em nome de Jesus, por meio desta repreendo o paganismo, a bruxaria, a feitiçaria, o luciferismo, a podridão e qualquer outra coisa que possa estar atrapalhando minha Salvação, em Jesus Cristo. Eu, por meio desta, expulso essas coisas más de mim e ordeno que nunca mais voltem, em nome Jesus
- Em nome de Jesus, ordeno a todo e qualquer espírito de alcoolismo que possa estar me afligindo, que saia imediatamente e nunca mais volte.
- Em nome de Jesus, ordeno a todo e qualquer espírito de vício em drogas que possa estar me afligindo, que saia imediatamente e nunca mais volte.

- Em nome de Jesus, ordeno a todo e qualquer espírito de droga ilegais que possa estar me afligindo, que saia imediatamente e nunca mais volte.

Dia 17: Orações pela libertação do pecado sexual, homossexualidade e perversão sexual.

- Em nome de Jesus, ordeno a todo e qualquer espírito de perversão sexual que possa estar me afligindo, que saia imediatamente e nunca mais volte.
- Em nome de Jesus, ordeno a todo e qualquer espírito de pornografia que possa estar me afligindo, que saia imediatamente e nunca mais volte.
- Em nome de Jesus, eu repreendo a pornografia, a luxúria sexual injusta, a homossexualidade e a perversão sexual. Por meio deste, eu os jogo para longe de mim e ordeno que nunca mais voltem.
- Pai Senhor, pelo seu grande poder, pelo poder no Sangue de Jesus, Fogo do Espírito Santo, espalha e destrói qualquer espírito que me atrapalhe, em nome de Jesus.

- Pai Senhor, espalha e destrói o poder do espírito devorador e da limitação, em nome Jesus.
- Pai, Senhor, qualquer decreto feito sobre meus pés porque veio a Cristo seja revogado, em nome Jesus.
- Pai Senhor, que meus pés sejam ungidos e lavados pelo Teu sangue para me conduzir a lugares pacíficos, em nome Jesus.
- Pai Senhor, libere o espírito de carpinteiro sobre mim para destruir os chifres dos inimigos, em nome Jesus.
- Qualquer decreto para causar um bloqueio satânico no meu caminho de avanço, seja dispersado pelo fogo, em nome Jesus.
- Pai Senhor, venha e seja nosso pastor, para nos manter juntos e nos salvar dos ladrões, em nome Jesus.
- Todo poder satânico ou coletivo que quer espalhar o que eu reuni, eu ordeno que você caia e morra, em nome Jesus.
- Associação de gangues malignas ou poder de feitiçaria para causar descarrilamento em

minha vida; disperse pelo fogo, em nome Jesus.

- Qualquer poder colocado em prática para supervisionar e confirmar o fracasso em minha vida morra pelo fogo, em nome Jesus.
- Qualquer coisa em mim contradiz a palavra de Deus para causar erro morra pelo Fogo, em nome Jesus.
- Qualquer poder que faça um decreto afetar minha posição no Senhor destrua-se pelo fogo, em nome Jesus.
- Decreto maligno ou maldição sobre minha vida, espiritual, física, financeira, matrimonial e educacionalmente eu te quebro, em nome Jesus.
- Qualquer coisa em mim, ao meu redor, dentro de mim, contestando a presença do Espírito Santo em mim, você ainda está vivo? morra para sempre e pereça, em nome Jesus.
- Espírito do Deus Vivo, levante-se e leve-me ao meu lugar de bênção agora, em nome Jesus.
- Pai Senhor, qualquer arma ou truque do inimigo para roubar, matar e destruir,

destrua-os para sempre com sua arma, em nome Jesus.

- Pai Senhor, conecte, corrija e direcione meus ajudantes para mim em qualquer lugar em que eles estejam, em nome Jesus.
- Espírito do Deus Vivo, levante-se e remova todo o véu do mal que cobre meu rosto para que eu possa ver, em nome Jesus.

Dia 18: Orações de autolibertação

- Eu quebro todas as gerações de maldições de orgulho, rebelião, luxúria, pobreza, bruxaria, idolatria, morte, destruição, fracasso, doença, enfermidade, medo, esquizofrenia e rejeição, em nome Jesus.
- Eu ordeno a todas as gerações de espíritos hereditários operando em minha vida por meio de maldições sejam presos e expulsos, em nome Jesus.
- Ordeno a todos os espíritos de luxúria, perversão, adultério, fornicação, impureza e imoralidade que saiam de meu caráter sexual, em nome Jesus.
- Eu ordeno a todos os espíritos de mágoa, rejeição, medo, raiva, ira, tristeza, depressão, desânimo, tristeza, amargura e falta de perdão saiam de minhas emoções, em nome Jesus.

- Eu ordeno a todos os espíritos de confusão, esquecimento, controle da mente, doença mental, duplicidade, fantasia, dor, orgulho e lembrança saiam de minha mente, em nome Jesus.
- Eu quebro todas as maldições da esquizofrenia e ordeno a todos os espíritos de dupla mente, rejeição, rebelião e raiz de amargura saiam, em nome Jesus.
- Ordeno a todos os espíritos de culpa, vergonha e condenação que saiam da minha consciência, em nome Jesus.
- Ordeno a todos os espíritos de orgulho, teimosia, desobediência, rebelião, obstinação, egoísmo e arrogância que saiam da minha vontade, em nome Jesus.
- Ordeno a todos os espíritos viciados que saiam do meu apetite, em nome Jesus.
- Eu ordeno a todos os espíritos de bruxaria, feitiçaria, adivinhação e ocultismo saiam, em nome Jesus.

- Eu ordeno a todos os espíritos que operam em minha cabeça, olhos, boca, língua e garganta saiam, em nome Jesus.
- Eu ordeno a todos os espíritos que operam em meu peito e pulmões saiam, em nome Jesus.
- Eu ordeno a todos os espíritos que operam em minhas costas e espinha saiam, em nome Jesus.
- Ordeno a todos os espíritos que operam em meu estômago, umbigo e abdômen que saiam, em nome Jesus
- Eu ordeno a todos os espíritos que operam em meu coração, baço, rins, fígado e pâncreas saiam, em nome Jesus.
- Ordeno a todos os espíritos que operam em meus órgãos sexuais saiam, em nome Jesus.
- Ordeno a todos os espíritos que operam em minhas mãos, braços, pernas e pés que saiam, em nome Jesus.
- Ordeno a todos os demônios que operam em meu sistema esquelético, incluindo meus

ossos, articulações, joelhos e cotovelos que saiam, em nome Jesus

- Ordeno a todos os espíritos que operam em minhas glândulas e sistema endócrino saiam, em nome Jesus.
- Ordeno a todos os espíritos que operam em meu sangue e sistemas circulatórios saiam, em nome Jesus.
- Eu ordeno a todos os espíritos que operam em meus músculos e sistema muscular saiam, em nome Jesus.
- Ordeno a todos os espíritos religiosos de dúvida, incredulidade, erro, heresia e tradição que vieram por meio da religião que saiam, em nome Jesus.
- Eu ordeno a todos os espíritos do meu passado que estão impedindo meu presente e futuro saiam, em nome Jesus.
- Eu ordeno a todos os espíritos ancestrais que entraram por meus antepassados que saiam, em nome Jesus.

- Eu ordeno a todos os espíritos escondidos que se escondem em qualquer parte da minha vida saiam, em nome Jesus.

Dia 19: Libertação total de maridos e esposas espirituais

Quando você fizer esta oração, lembre-se de que você está em modo de guerra. Ore todas as orações vigorosamente. Leia e medite nessas Escrituras!

1 Co 3: 16-17: "Não sabeis vós que sois o templo de Deus e que o Espírito de Deus habita em vós? Se alguém destruir o templo de Deus, Deus o destruirá; porque santo é o templo de Deus, que sois vós".

Mateus 22: 29-30: "Jesus respondeu:" Seu erro é que você não conhece as Escrituras, e você não conhece o poder de Deus. Pois quando os mortos ressuscitarem, eles não se casarão nem serão dados em casamento. Nesse aspecto, eles serão como os anjos do céu ".

Gênesis 6: 2-4: "Os filhos de Deus viram as belas mulheres e tomaram como esposas as que quiseram. -

Naqueles dias, e por algum tempo depois, nefilitas gigantes viveram na Terra, pois sempre que os filhos de Deus tinham relações sexuais com mulheres, eles davam à luz filhos que se tornaram os heróis e guerreiros famosos dos tempos antigos".

Faça essas orações quando você notar qualquer um dos seguintes sinais:

Angústia conjugal, Relações sexuais em sonhos, Ódio ao casamento, Ser rejeitado, Erro sexual imperdoável, Decisões erradas, Abandono do lado oposto, Assistência demoníaca nos sonhos, Nadar ou ver um rio no sonho, Perda da menstruação no sonho, Gravidez no sonho, Amamentar um bebê no sonho, Apoiar um bebê no sonho, Ter uma família no sonho, Fazer compras com um homem/mulher no sonho, Ver um homem dormindo ao seu lado no sonho, Ódio por cônjuge terrestre, Problemas ginecológicos graves, Aborto espontâneo após sonhos sexuais, Casamentos de sonho

- Marido/esposa espiritual, libera-me pelo fogo, em nome Jesus.
- Cada espírito marido/esposa espiritual, eu divorcio de você pelo sangue de Jesus.
- Cada esposa/marido espiritual morra, em nome Jesus.
- Tudo o que você depositou na minha vida saia pelo fogo, em nome Jesus.

- Todo poder que está trabalhando contra o meu casamento caia e morra, em nome Jesus.
- Eu me divorcio e renuncio ao meu casamento com o marido ou esposa espiritual, em nome Jesus.
- Eu quebro todos os convênios feitos com o marido ou esposa espiritual, em nome Jesus.
- Ordeno que o fogo do trovão de Deus queime até as cinzas o vestido de noiva, o anel, as fotografias e todos os outros materiais usados para o casamento, em nome Jesus.
- Envio o fogo de Deus para reduzir a cinzas a certidão de casamento, em nome Jesus.
- Eu quebro todos os convênios de sangue e laços de alma com o marido ou esposa espiritual, em nome Jesus.
- Eu envio o fogo do trovão de Deus para queimar as crianças nascidas do casamento, em nome Jesus.
- Eu retiro meu sangue, esperma ou qualquer outra parte do meu corpo depositado no

altar do marido ou esposa espiritual, em nome Jesus.

- Você, marido ou esposa espiritual, atormentando minha vida e casamento terreno, eu te amarro com correntes quentes e grilhões de Deus e o expulso de minha vida para o abismo profundo, e ordeno que nunca mais entre em minha vida, em nome Jesus.
- Eu devolvo a você, todas as suas propriedades em minha posse no mundo espiritual, incluindo o dote e tudo o que foi usado para o casamento e convênios, em nome Jesus.
- Escoo-me de todos os materiais malignos depositados em meu corpo como resultado de nossa relação sexual, em nome Jesus.
- Senhor, envie fogo do Espírito Santo à minha raiz e queime todas as coisas impuras depositadas nela pelo marido ou esposa espiritual, em nome Jesus.
- Eu quebro a cabeça da cobra, depositada em meu corpo pelo marido ou esposa espiritual

- para me fazer mal e ordeno que saia, em nome Jesus.
- Limpo, com o sangue de Jesus, todo material maligno depositado em meu ventre para me impedir de ter filhos na terra.
- Senhor, repare e restaure todo dano feito a qualquer parte do meu corpo e meu casamento terreno pelo marido ou esposa espiritual, em nome Jesus.
- Eu rejeito e cancelo toda maldição, pronunciamento maligno, feitiço, maldição, encantamento e encantamento colocado sobre mim pelo marido ou esposa espiritual, em nome Jesus.
- Eu retiro e possuo todos os meus pertences terrestres sob a custódia do marido ou esposa espiritual, em nome Jesus.
- Eu ordeno ao marido ou esposa espiritual que me dê as costas para sempre, em nome Jesus.
- Eu renuncio e rejeito o nome que me foi dado pelo marido ou esposa espiritual, em nome Jesus.

- Declaro e confesso que o Senhor Jesus Cristo é meu Marido por toda a eternidade, em nome Jesus.
- Eu me mergulho no sangue de Jesus e cancelo a marca ou os escritos malignos colocados em mim, em nome Jesus.
- Eu me liberto da fortaleza, do poder dominador e da escravidão do marido ou esposa espiritual, em nome Jesus.
- Eu paraliso o poder do controle longínquo e o trabalho usado para desestabilizar meu casamento terreno e me impedir de gerar filhos para meu marido ou esposa terrestres, em nome Jesus.
- Eu anuncio aos céus que estarei para sempre casado com Jesus.
- Cada marca registrada de casamento maligno, seja sacudida da minha vida, em nome Jesus.
- Cada escrita maligna, gravada com caneta de ferro, que seja apagada pelo sangue de Jesus.

- Trago o sangue de Jesus sobre o espírito que não quer ir, em nome Jesus.
- Eu trago o sangue de Jesus em todas as evidências que podem ser oferecidas por espíritos iníquos contra mim.
- Eu registro uma contraqueixa nos céus contra todo casamento maligno, em nome Jesus.
- Recuso-me a fornecer qualquer evidência que o inimigo possa usar contra mim, em nome Jesus.
- Que as exibições satânicas sejam destruídas pelo sangue de Jesus.
- Declaro para você, esposa/marido espiritual, que não há vaga para você em minha vida, em nome Jesus.
- Oh Senhor, faça de mim um veículo de libertação.
- Venho pela fé para montar o Senhor de Sião, ordenar a libertação sobre minha vida agora.
- Senhor, rega-me das águas de Deus.

- Que o cuidadoso cerco do inimigo seja desmantelado, em nome Jesus.
- Ó Senhor, defenda seu interesse em minha vida.
- Tudo, escrito contra mim no ciclo da lua, seja apagado, em nome Jesus.
- Tudo, programado no sol, lua e estrelas contra mim seja desmontado, em nome Jesus.
- Cada coisa maligna programada em meus genes seja apagada pelo sangue de Jesus.
- Ó Senhor, tire os períodos de fracasso e frustrações de minha vida.
- Eu derrubo todas as leis perversas trabalhando contra minha vida, em nome Jesus.
- Eu ordeno um novo tempo, estação e lei proveitosa, em nome Jesus.
- Falo destruição aos palácios da rainha da costa e dos rios, em nome Jesus.
- Eu ordeno destruição à sede do espírito do Egito e explodo seus altares, em nome Jesus.

- Eu ordeno destruição aos altares, falando contra o propósito de Deus para minha vida, em nome Jesus.
- Eu me declaro virgem pelo Senhor, em nome Jesus.
- Que todo véu do mal sobre minha vida seja rasgado, em nome Jesus.
- Cada parede entre mim e a visitação de Deus seja quebrada, em nome Jesus.
- Que o conselho de Deus prospere em minha vida, em nome Jesus.
- Eu destruo o poder de qualquer semente demoníaca em minha vida desde o ventre, em nome Jesus.
- Falo ao meu portão umbilical para derrubar todos os espíritos paternais negativos, em nome Jesus.
- Eu quebro o jugo do espírito, tendo acesso às minhas portas reprodutivas, em nome Jesus.
- Ó Senhor, deixe seu tempo de refrigério vir sobre mim.

- Trago fogo do altar do Senhor sobre todo casamento maligno, em nome Jesus.
- Eu me redimo pelo sangue de Jesus de todas as armadilhas sexuais, em nome Jesus.
- Apago a gravação do meu nome em qualquer registro de casamento maligno, em nome Jesus.
- Eu rejeito e renuncio a todo casamento espiritual maligno, em nome Jesus.
- Confesso que Jesus é meu cônjuge original e tem ciúmes de mim.
- Eu emito uma carta de divórcio para cada esposa/marido espiritual, em nome Jesus.
- Eu amarro a esposa/marido espiritual com correntes eternas, em nome Jesus.
- Deixe o testemunho celestial sobrepujar todo mau testemunho do inferno, em nome Jesus.
- Ó Senhor, traga à minha lembrança todas as armadilhas e contratos espirituais.
- Que o sangue de Jesus me purifique de todo material contaminante, em nome Jesus.

- Deixe o marido/esposa espiritual cair e morrer, em nome Jesus.
- Que todos os seus filhos apegados a mim caiam e morram, em nome Jesus.
- Eu queimo seus certificados e destruo seus anéis, em nome Jesus.
- Eu executo o julgamento contra os espíritos da água e declaro que você está reservado para cadeias eternas nas trevas, em nome Jesus.
- Ó Senhor, argumente com aqueles que estão contendendo comigo.
- Cada marca registrada do espírito da água seja sacudida da minha vida, em nome Jesus.

Dia 20: Oração de Libertação do Espírito de Jezabel

Escrituras: Matt. 22:37

Se você está enfrentando sérios problemas em seu casamento, ore as seguintes orações com vigor.

- Eu submeto minha vontade, pensamentos e vida ao SENHOR DE CRISTO JESUS e suplico o SANGUE de Jesus sobre minha mente, ordenando estabilidade e ordem para prevalecer em minha alma.
- Eu quebro o poder da ilusão, sedução, feitiçaria e intimidação da bruxaria, sabendo que, em nome de Jesus, todo joelho deve se dobrar.
- Eu decreto a liberdade dos poderes das trevas, Jezabel, palavras proféticas falsas, controladores, manipuladores, feiticeiros, bruxas, falsificações, laços de alma, loucura espiritual, adivinhos, espíritos mentirosos, sonhos e visões mentirosas.

- ARREPENDO-ME do pecado, tanto conhecido como desconhecido, e me submeto totalmente ao SENHOR de Jesus CRISTO e SUA PALAVRA.
- Eu me visto com a ARMADURA de DEUS e pego as armas da minha guerra que não são carnais, mas poderosas na destruição de fortalezas.
- Eu me dedico à VONTADE de Jesus CRISTO.
- Eu me arrependo de rebelião, orgulho, arrogância, espiritualismo, controle, manipulação, desejos vãos e desrespeito os dons quíntuplos da ascensão e meus líderes.
- Eu renuncio a associações erradas, levando mensagens de bruxaria, motivos falsos e agendas ocultas.
- SENHOR, A SUA PALAVRA DIZ: "Se eu confessar os meus pecados, VOCÊ é fiel e justo para me perdoar dos meus pecados e me limpar de toda injustiça." Eu agora pego a Espada do Espírito e eu corto este cordão de PODERES OCULTOS no nome Todo-Poderoso de Jesus Cristo! Eu agora pego a Espada do

Espírito e corto este cordão do COMPROMISSO em nome do Todo-Poderoso de Jesus!

- "E Ele respondeu-lhe: Amarás o Senhor teu Deus com todo o teu coração, com toda a tua alma e com toda a tua mente." Eu agora pego a Espada do Espírito e eu corto este cordão de imoralidade no nome Todo-Poderoso de Jesus Cristo! Está escrito em:

Rev.19: 7: "Alegremo-nos e gritemos de alegria! Vamos celebrar e atribuir a Ele glória e honra, pois as bodas do Cordeiro finalmente chegaram, e Sua noiva se preparou". Agora pego a Espada do Espírito e corto esta corda de dominação, intimidação e manipulação, no nome Todo-Poderoso de Jesus! Está escrito em: "Deus é Espírito e aqueles que O adoram devem adorá-Lo em espírito e em verdade." (João 4.24)

Pai, em nome de Jesus. Cristo, Teu Filho, eu agora declaro: um divórcio com o espírito de Jezabel, um cancelamento de todo culto que ela recebeu por meu intermédio, meus ancestrais ou descendentes Nulificação de todo e qualquer convênio já feito com sua Renúncia do Espírito de Acabe, na autoridade do nome de Jesus Cristo, eu agora tomo este assento em mim mesmo e o entrego ao Reino de Deus. Oro para que o Senhor transforme cada uma dessas maldições em bênçãos na vida de meus antepassados, na minha e na de meus descendentes, em nome Jesus. , agora amarro e repreendo o espírito de Jezabel de minha vida. Peço destruição sobre os altares onde o espírito de Jezabel recebeu adoração em minha vida, e ergo ali um altar para Deus. Está escrito: "Davi edificou ali um altar ao Senhor e ofereceu holocaustos e ofertas pacíficas. Então o Senhor atendeu às orações pela terra, e a praga de Israel foi detida". (2 Sam 22:25)

A fortaleza em minha vida onde Jezabel morava agora está destruída e um trono de Cristo Jesus foi erguido ali, em nome de Jesus Cristo, agora peço humilhação e morte sobre todos os frutos da manipulação por meio do espírito de feitiçaria em minha vida.

Eu me posiciono para repreender, amarrar e banir para o inferno o espírito de Jezabel. Eu repreendo e corto as meretrizes e amantes de Jezabel e destruo seu poder sobre os casamentos. Eu guerreio contra a intimidação e o controle desses espíritos para libertar todos os cativos. Declaro com fé que cada corrente de cada cativo que esse espírito possui foi destruída e quebrada. Eu quebro e destruo o poder, manipulação, mentiras, negação e engano causados pelo espírito de Jezabel.

Eu repreendo todos os espíritos de falso ensino e falsa profecia relacionados a Jezabel. Oro para que os cônjuges sejam libertados do orgulho, paixão, sedução, luxúria, perversão, rebelião, egoísmo, fornicação, adultério, prostituição e bruxaria conspirada contra eles pelo espírito de Jezabel. Oro para que maridos e esposas sejam libertos do pecado sexual, da imoralidade e da idolatria.

Eu amarro os poderes da bruxa e os selo. Oro para que a maldade de Jezabel seja revelada ao mundo inteiro. Oro para que toda corrupção, destruição, nudez e vergonha causadas por Jezabel sejam expostas! Eu reconheço que homens e mulheres rebeldes operam secretamente com o espírito de Jezabel. Reconheço que esse espírito atormenta as almas dos homens e que a batalha não é com nossas esposas, mas contra o espírito de Jezabel. Eu renuncio e removo o espírito de Jezabel do trono dos corações dos homens. Eu oro pela restauração de casamentos, em nome Jesus . Eu declaro liberdade, libertação, cura, alegria e paz para todos os cativos no poderoso nome de Jesus.

Eu reclamo esta vitória através do Sangue do Cordeiro e pela Palavra de Deus. Regozijo-me com ações de graças a Deus e triunfo em Sua glória. Em nome Jesus Amém!

Dia 21: Orações contra os poderes das trevas

Escrituras: Salmos 2: 9, Salmos 10:15

- Eu destruo todo jugo do meu pescoço e rompo todas as amarras, em nome Jesus.
- Em nome de Jesus, eu os esmago com a barra de ferro e os esmago em pedaços como um vaso de oleiro.
- Em nome de Jesus, eu destruo o braço dos ímpios.
- Em nome de Jesus, eu destruo seus dentes em suas bocas, ó Deus, destruo os dentes dos jovens leões.
- O opressor é feito em pedaços, em nome Jesus.
- Eu ordeno que os braços, chifres, fundações e arcos dos ímpios: SEJA DESTRUÍDO AGORA, em nome Jesus.

- Eu ordeno que os reinos das trevas e os reinos da Babilônia: SEJAM DESTRUÍDOS AGORA ,em nome Jesus.
- Tua palavra que sai da minha boca é um martelo que quebra as pedras em pedaços, em nome Jesus
- Cada parede erguida pelo inimigo contra minha vida é DESTRUÍDA AGORA, em nome Jesus
- Eu destruo todo altar erguido pelo inimigo contra minha vida em nome Jesus
- Eu ordeno aos ídolos e imagens da cidade: SEJA DESTRUÍDO PELO SEU PODER SENHOR, AGORA em nome Jesus
- Eu quebro e anulo todos os convênios demoníacos feitos por meus antepassados em nome Jesus

Orações para destruir gangues satânicas e demoníacas no meio da noite.

- Eu libero confusão contra toda conspiração satânica e demoníaca contra minha vida, família, ministério, igreja, cidade e nação em nome Jesus
- O conselho secreto dos ímpios se transforma em tolice. Aqueles reunidos contra mim, minha família, ministério e igreja estão espalhados em nome Jesus
- Nenhuma arma formada contra mim prospera. As portas e planos do inferno não prevalecem contra mim, minha família, ministério, igreja, cidade e nação em nome Jesus
- Eu supero todas as estratégias do inferno contra minha vida, família, ministério, igreja, cidade e nação em nome Jesus
- Cada estratégia do inferno é exposta e trazida à luz em nome Jesus

- Recebo os planos de Deus para minha vida, pensamentos de paz e nenhum mal que me trazem um fim esperado.
- Estou livre de todas as armadilhas satânicas e conspirações contra minha vida, família, ministério, igreja, cidade e nação em nome Jesus
- Eu libero o furacão para espalhar aqueles que conspirariam contra mim, minha família, ministério, igreja, cidade e nação em nome Jesus
- Eles são devolvidos e trazidos à confusão que planejam minha dor em nome Jesus
- As redes que eles esconderam os pegam e nessa mesma destruição eles caem.
- Estou escondido do conselho secreto dos ímpios em nome Jesus
- Eu quebro e divido toda confederação demoníaca contra minha vida, família, ministério e Igreja em nome Jesus
- Eu libero confusão em cada confederação demoníaca dirigida contra minha vida, família, ministério e Igreja em nome Jesus

- Eu divido e espalho aqueles que estão unidos contra mim e minha Igreja em nome Jesus
- Eu amarro e repreendo todos os reforços demoníacos enviados por satanás para atacar minha vida ou Igreja em nome Jesus
- Ó meu Deus, Tu os fizeste como a roda; como o restolho antes do vento
- Eles são perseguidos por sua tempestade e estão com medo de sua tempestade
- Eles estão confusos e perturbados para sempre; eles são envergonhados e perecem, em nome de Jesus.
- Eu libero confusão e eles se atacam em nome Jesus
- Cada parede erguida pelo inimigo contra minha vida, família, ministério e Igreja está DESTRUÍDA AGORA, em nome Jesus.
- Eu destruo todos os altares erguidos pelo inimigo contra minha vida, família, ministério e Igreja, em nome Jesus.
- Eu quebro e destruo todos os bloqueios e barreiras demoníacas do inimigo para impedir a vontade e os planos de Deus para

minha vida, família, ministério e Igreja, em nome Jesus.

Orações que acabam com a opressão

- Jesus, você andou fazendo o bem e curando todos os oprimidos do diabo porque Deus está contigo.
- Eu despojo todo o poder dos espíritos que me oprimem pelo Sangue de Jesus.
- Eu destruo e expulso todos os espíritos de pobreza que me oprimem, em nome Jesus.
- Eu destruo e expulso todos os espíritos de loucura e confusão que tentariam oprimir minha mente, em nome Jesus.
- Senhor, tu empreendes por mim contra todos os meus opressores, em nome Jesus.
- SENHOR, tu és o meu refúgio do opressor
- Estou livre dos ímpios que me oprimem e dos meus inimigos mortais que me cercam, em nome de Jesus.
- Estou livre dos opressores que buscam minha alma, em nome Jesus.

- Quebre-se em pedaços o opressor pelo Sangue de Jesus.
- SENHOR JESUS, não sou entregue aos meus opressores, porque me favoreces.
- O orgulhoso não vai me oprimir, em nome Jesus.
- Estou livre da opressão dos homens, em nome Jesus.
- Eu governo sobre meus opressores pelo Sangue de Jesus.
- Todos os opressores são consumidos fora da terra pelo Fogo de Deus.
- Eu amarro e silencio a voz do opressor, em nome de Jesus.
- Estou estabelecido na retidão e estou longe da opressão porque Tua Graça e Amor estão sobre minha vida, Senhor Jesus.
- Puna aqueles que tentam me oprimir pelo Seu Sangue, Senhor Jesus.
- O inimigo não vai tomar minha herança por meio da opressão, em nome de Jesus.

- Senhor, você executou julgamento contra meus opressores, em nome de Jesus.

Oração contra o espírito marinho

Escrituras: Salmos74:14, Isa.27: 1, Jó 41:15; Lk.11:22

- Senhor, quebraste as cabeças dos dragões nas águas.
- Pelo sangue de Jesus, eu corto a cabeça de cada hidra.
- Em nome de Jesus, eu destruo as cabeças do leviatã como pedaços de pó
- Em nome de Jesus, eu castigo o Leviatã, a serpente penetrante, até mesmo o Leviatã, a serpente torta, com sua espada ferida, grande e forte, a Palavra de Deus.
- Em nome de Jesus, eu mato o dragão que está no mar.
- Eu anulo todas as maldições de orgulho e leviatã da minha vida, em nome Jesus.
- Em nome de Jesus, eu tiro as escamas do Leviatã e tiro sua armadura pelo Fogo de Deus

- Em nome de Jesus, eu esmaguei a força do pescoço do leviatã.
- Eu destruo o coração de pedra do leviatã e o esmago em pedaços pelo sangue de Jesus.
- Em nome de Jesus, eu esmago os dentes do leviatã e arranco o despojo de sua boca.
- Em nome de Jesus, coloquei um anzol no nariz do leviatã, uma corda em volta de sua língua, e abri um espinho em sua mandíbula e anulei suas obras.
- Senhor Jesus, tu governas o mar e as águas com a tua força.
- Nenhuma água maligna transborda minha vida, em nome Jesus.
- Os canais de água são vistos em Sua repreensão, em nome de Jesus.
- Eu destruo e expulso todos os demônios orgulhosos e arrogantes que são amaldiçoados, em nome Jesus.
- Eu amarro e desloco todo monstro marinho que atacaria minha vida e a cidade, em nome Jesus.

- Senhor Jesus, Tu derrubaste os demônios orgulhosos e arrogantes que se exaltaram contra o Teu povo pelo Teu poder e nós reforçamos a derrota deles pelo Teu Sangue, em nome Jesus.
- Em nome de Jesus, os orgulhosos estão espalhados na imaginação de seus corações.
- Deus, você resiste ao orgulhoso. Seu poder é contra os elevados que se rebelaram contra sua vontade
- O pé do orgulho não vem contra mim, em nome de Jesus.
- Eu esmago a coroa do orgulho, em nome Jesus.
- Leviatã, você não vai me oprimir, porque a graça de Deus é minha suficiência, em nome Jesus.
- SENHOR JESUS, Você rendeu sua recompensa ao leviatã na cruz.
- Senhor, você levantou uma guarda sobre o leviatã, em nome Jesus.

- Em nome de Jesus, águas orgulhosas não passam sobre minha alma porque o fogo de Deus a consome.
- Eu repreendo e destruo todas as armadilhas que o diabo armou para mim, em nome Jesus.
- Espíritos orgulhosos tropeçam e caem no nome de Jesus.
- Em nome de Jesus, eu exerço a autoridade que Você me deu e não permito que a vara do orgulho venha contra mim.
- Eu lanço fora a fúria da tua ira e humilhei o leviatã, em nome Jesus.
- Eu golpeio através do leviatã com o seu entendimento, Senhor Jesus.
- Senhor Jesus, Você olhou para o leviatã e o abaixou e o pisou em seu lugar na cruz.
- Eu corto as faixas de Órion: eu amarro e expulso todos os espíritos de controle da mente do polvo e da lula, em nome Jesus.
- Secaram-se as águas do abismo, como eu sequei os rios da morte; todo espírito de leviatã é destruído, em nome Jesus.

Libertação das Serpentes

Escrituras: Atos 28: 3, Salmos. 22:12, 2 Cor. 11:3

- Senhor, machuque a cabeça de toda serpente que atacar minha vida, família, ministério e igreja, em nome Jesus.
- Eu puno e destruo a serpente perfurador, em nome Jesus.
- Eu amarro, repreendo e destruo qualquer serpente que tente me enganar, em nome Jesus
- Eu libero a vara de Deus para engolir toda serpente que viria contra minha vida, família, ministério e igreja, em nome Jesus.
- SENHOR, estou protegido das serpentes de fogo pelo teu sangue.
- Eu amarro e destruo todas as serpentes que tentarem se enroscar ou se enrolar em minha vida, família, ministério ou igreja, em nome Jesus.

- Eu amarro e destruo cada píton que tentaria espremer minha vida de oração e minhas finanças, em nome Jesus.
- Eu amarro e destruo cada cobra, basilisco, serpente voadora e serpente marinha que viria para destruir minha vida, família, ministério e igreja, em nome Jesus.
- Eu exerço autoridade e piso sobre serpentes, escorpiões e sobre todo o poder do inimigo; e nada deve de forma alguma me machucar.
- O Fogo de Deus expulsa cada víbora de minha vida, família, ministério e igreja, em nome de Jesus.
- Eu prendo todos os espíritos do legalismo, formalismo e tradicionalismo do corpo de Cristo e ordeno que me deixem, minha família, ministério, cidade e igreja, agora, em nome Jesus.

Libertação de Manipulações Demoníacas

- Cada manipulação demoníaca de longa data trabalhando contra minha vida morra, em nome de Jesus.
- Pai, quando as escamas caírem dos olhos de Saulo de Tarso, todas as escamas de manipulação demoníaca caírem dos meus olhos, mente e emoções agora, em nome de Jesus, Amém.
- Recuso-me a estar sob o controle de qualquer influência espiritual que não seja o Espírito do Deus Vivo.
- Ó Senhor, eu anulo todos os planos do inimigo de usar manipulação demoníaca contra minha vida, família, ministério e Amor Prevalente, em nome Jesus.
- Pelo sangue de Jesus, eu torno impossível para o inimigo me manipular enquanto eu durmo, em nome Jesus.
- Ó Senhor, eu me recuso a responder a qualquer chamada do mal, em nome Jesus.

- Todo poder do mal, que se opõe à minha vida, cai e não se levanta mais, em nome Jesus.
- Senhor, em nome de Jesus, eu tiro a mão, os olhos e os interesses de Satanás de todo e qualquer assunto relacionado à minha vida, família, ministério e igreja.
- Senhor, pela tua graça, não vou sucumbir a qualquer manipulação que vise destruir aqueles que estão ao meu redor, em nome de Jesus.
- Senhor, por sua graça, não serei usado pelo inimigo para a destruição de minha vida, família, ministério, igreja e aqueles ao meu redor, em nome Jesus.
- Senhor, NENHUMA manipulação demoníaca afeta qualquer um dos meus cinco sentidos, em nome Jesus.
- Não vou morrer antes do meu tempo, em nome Jesus.
- Nenhuma manipulação demoníaca vai me derrubar, em nome Jesus.

- Não serei destruído por nenhuma manipulação demoníaca, em nome Jesus.
- Senhor, eu tenho vitória completa sobre toda manipulação demoníaca que visa destruir minha vida, família, negócios, finanças, ministério e igreja, em nome Jesus.
- Nenhuma quantidade de manipulação pode bloquear meu julgamento e raciocínio ,em nome Jesus.
- Eu decreto que cada jaula espiritual que continha qualquer área de minha vida seja aberta agora, em nome Jesus.

Escrituras da Bíblia: Rev.9:11, Salmos.103: 4

- Eu amarro e expulso o espírito de morte, em nome de Jesus Cristo.
- Estou redimido da morte e da destruição AGORA, em nome Jesus.
- Eu renuncio e anulo todas as maldições de morte e destruição em minha família e linhagem, em nome Jesus.
- Eu renuncio e despejo todo orgulho AGORA que abriria a porta para morte e destruição, em nome Jesus.

- Senhor, tu libertaste a minha alma da morte e da destruição, quando enviaste a tua palavra e me livraste, em nome Jesus.
- O destruidor não pode entrar em minha vida ou família AGORA, para destruir minha prosperidade, em nome Jesus.
- Estou livre da destruição que assola ao meio-dia, em nome Jesus.
- Não há desperdício ou destruição na cidade dentro de minhas fronteiras, em nome Jesus.
- Eu entro direto pela porta e não sigo no caminho que leva à morte e à destruição, em nome Jesus.
- Eu amarro e expulso o espírito de Mamon da minha cidade, AGORA que leva à morte e destruição, em nome Jesus.
- Eu mantenho minha boca e evito a morte e a destruição, em nome Jesus.
- Eu amarro e expulso o espírito de pobreza da minha cidade AGORA que leva à morte e destruição, em nome Jesus.

- Eu repreendo e expulso toda morte e destruição de meus portões AGORA, em nome Jesus.

Contato

Para obter mais ajuda espiritual, envie um e-mail para info@olusolacoker.com

Baixe 5 e-books Cristãos grátis no meu site www.olusolacoker.com

Para orações, notícias cristãs, etc., visite www.olusolacoker.com

Lightning Source UK Ltd.
Milton Keynes UK
UKHW022041140223
416982UK00010B/500